AF247118

Ir 27/ 24170

A M. G.-S. TRÉBUTIEN.

ÉLOGE

D'EUGÉNIE DE GUÉRIN

Couronné par l'Académie des Jeux Floraux,
dans sa séance du 3 mai 1867

PAR

DELPHIS DE LA COUR

« L'auteur nous annonce l'histoire d'une âme et d'un cœur, et la finesse des aperçus, la consciencieuse étude du modèle, jointe à une diction pure, où le trait et l'esprit ne se font pas attendre, nous tiennent attentifs de la première à la dernière page. »

Comte FERNAND DE RESSEGUIER.—Rapport sur le Concours, lu en séance publique, à l'Académie des Jeux Floraux, le 3 mai 1867.

PARIS

LIBRAIRIE ACADÉMIQUE

DIDIER ET Cⁱᵉ, LIBRAIRES-ÉDITEURS

35, QUAI DES AUGUSTINS

1867

ÉLOGE

D'EUGÉNIE DE GUÉRIN

Paris. — Imprimé chez PILLET FILS AÎNÉ, rue des Grands-Augustins. 5.

ÉLOGE

D'EUGÉNIE DE GUÉRIN

Couronné par l'Académie des Jeux Floraux.
dans sa séance du 3 mai 1867

PAR

DELPHIS DE LA COUR

« L'auteur nous annonce l'histoire d'une âme et d'un cœur, et la finesse des aperçus, la consciencieuse étude du modèle, jointe à une diction pure, où le trait et l'esprit ne se font pas attendre, nous tiennent attentifs de la première à la dernière page. »

Comte FERNAND DE RESSEGUIER.—Rapport sur le Concours, lu en séance publique, à l'Académie des Jeux Floraux, le 3 mai 18 7.

PARIS

LIBRAIRIE ACADÉMIQUE

DIDIER ET Cᵉ, LIBRAIRES-ÉDITEURS

35, QUAI DES AUGUSTINS

1867

A M. G. S. TRÉBUTIEN.

L'auteur nous annonce l'histoire d'une âme
et d'un cœur. Et la finesse des aperçus, la
consciencieuse étude du modèle, jointe à une
diction pure, où le trait et l'esprit ne se font
pas attendre, nous tiennent attentifs de la première à la dernière page.

M. le Comte Fernand de RESSÉGUIER,
*Rapport sur le Concours, lu en séance
publique, le 3 mai 1867.*

Messieurs,

« Un tombeau met un intervalle immense entre
» l'homme qui juge et celui qui est jugé, » a dit Tho-
mas dans son éloge de Sully. Nous avons été pour
Mlle Eugénie de Guérin des contemporains, il nous est
permis aujourd'hui d'être des juges ; sa fin préma-
turée, en l'éloignant avant le temps, en plaçant entre
elle et ceux qui lui survivent la distance de ce monde
à l'autre, nous a donné la place de nos neveux ; elle
a fait de nous la postérité.

Jamais un sujet plus attrayant d'éloge ne fut mis
au concours, jamais la conscience de l'écrivain ne se
trouva plus à l'aise. Ce n'est pas seulement l'éloge
d'un esprit, mais l'éloge d'une âme que l'Académie

propose ; ceci explique comment nous nous trouverons plus d'une fois, en appréciant l'œuvre, entraîné à exalter l'auteur ; on ne saurait les détacher l'un de l'autre, tant ils se touchent étroitement ; ces pages sur une vie sont cette vie elle-même.

Nous ne nous aiderons, dans notre travail, d'aucune des études dont notre auteur a été l'objet. Les plus grands noms de la critique ont signé ces éloges ; la politique elle-même a fait silence et toutes les voix de la presse ont exécuté leur partie dans ce concert. Nous ne rouvrirons pas ces recueils, nous ne relirons pas ces pages, nous ne peindrons pas Mlle Eugénie d'après ses portraits mais d'après elle-même. On la retrouve tout entière dans ses ouvrages ; c'est là que nous voulons la chercher.

Mlle Eugénie de Guérin appartenait à la noblesse. Avec tant d'humilité chrétienne, elle ne pouvait avoir l'orgueil de son nom, mais il lui était permis d'en avoir la fierté. Elle a rédigé pour son frère Maurice, — et peut-être un peu pour elle, — une note sur sa famille, d'origine vénitienne, qui avait gardé cette glorieuse devise : « *Omni exceptione majores.* » Elle habitait un manoir bien déchu de ses grandeurs passées, le château du Cayla dont sa famille portait le nom depuis le seizième siècle. C'est là qu'elle est née, qu'elle a vécu, qu'elle est morte jeune encore, menant une existence modeste, ayant pour trésors ceux qu'elle cachait en elle-même ; pauvre de biens, mais riche de vertus.

C'est dans ce vieux manoir qu'elle a écrit son Journal, c'est de là que se sont envolées ses charmantes Lettres. Voilà tous ses titres de gloire littéraire : des lettres, un journal, deux œuvres différentes par la forme mais dont le fond ne saurait changer, car elles sont, toutes deux, l'histoire d'un cœur.

Cette histoire nous dira la vie patriarcale de Mlle de Guérin, ses relations avec les siens, avec ses amis, avec elle-même, avec le ciel ; les habitudes régulières et les rêveries capricieuses de cet esprit ; les ardentes aspirations et les vagues tristesses de ce cœur ; sa foi que rien n'ébranle, sa charité que rien n'épuise ; son amour ardent pour les âmes, ses lectures, ses appréciations littéraires, ses jugements sur les choses du monde et de l'art plutôt que sur les hommes ; son amour de la famille ; enfin cette sainte et maternelle affection qui, après avoir tenté d'arracher à la mort son frère Maurice par des soins, s'efforcera de le rendre immortel par la gloire.

L'homme de goût et de cœur auquel on doit la possession, on pourrait dire la découverte de ce trésor littéraire, auquel nous devons nous-même la communication de lettres inédites, de pages détachées du journal de Mlle Marie de Guérin, M. Trébutien l'a dit avant nous : la correspondance d'Eugénie a complété son Journal en lui donnant « un commencement et une fin ; » elle a mis le cadre qui lui manquait à ce tableau d'intériur.

Ces premières lettres, qui servent en quelque sorte de préface au Journal, ne sont pas nombreuses : douze en trois ans ! C'est une par saison. Leur style semble être celui d'une pensionnaire en vacances ; des souvenirs de jeux se mêlent à des pensées plus graves Mlle de Guérin a beau s'en défendre, elle aime alors le monde, elle recherche ses amusements, elle en a l'esprit, charmant esprit qui ressemble aux masques du théâtre des anciens, dont un côté rit, dont l'autre pleure ; il est facile de voir que la solitude n'a pas encore passé par là.

On se croirait loin du Journal, on y touche. Il ne faut pas s'étonner du charmant badinage de cette correspondance : l'esprit a deux côtés : l'un qui est tourné vers nous, l'autre qui fait face au public ; il est rare qu'ils se ressemblent et que le côté triste ne soit pas le nôtre.

Telle est la première correspondance qui mène, par une pente rapide, au Journal. Dans ces lettres, la pensée s'envole vive et légère au dehors ; dans le Journal elle se replie sur elle-même. Plus grave dans la forme, elle est en même temps plus concentrée, plus profonde, plus en harmonie avec le paysage dont les lignes sévères se dessinent autour du Cayla, avec la solitude qui s'y fait au dedans comme au dehors.

Cependant Mlle de Guérin semble ne pas trouver cette solitude assez profonde. La répugnance qu'elle éprouve à sortir de sa chambre, et d'elle-même, a peut-être un motif que, dans sa candeur, elle est bien près d'avouer : sacrifiant tout à la pensée intérieure, à l'âme, elle ne se sent ni la volonté, ni le courage d'avoir toutes les élégances qui font le succès de la femme dans le monde ; elle est loin d'y être à l'aise, elle ne s'y plaît pas, peut-être parce qu'elle n'est pas bien sûre d'y plaire.

Et puis, — on peut bien le dire, la lettre inédite d'une de ses amies ne laisse aucun doute à cet égard. — Eugénie, maigre de corps et de visage, pâle d'une pâleur mate, un peu maladive, n'a d'autre charme extérieur que le doux reflet de l'âme sur la joue, le fin sourire des lèvres, la candeur naïve du regard quand le cœur ou l'esprit ne mettent pas dans ses yeux des rayons ou des éclairs.

Une autre serait laide avec les mêmes traits, parce qu'il faut avoir, au même degré qu'elle, la distinction qu'elle doit à l'éducation, et plus encore au sang ; cette distinction lui tient lieu de beauté.

Quelle que soit la cause de cette sauvagerie, nous

aurions tort de la regretter ; nous lui devons d'admirables pages. Mlle de Guérin ne se fût pas si bien peint
si elle avait regardé plus souvent les autres.

On est étonné de tout ce qu'on découvre en soi
quand on y descend ; on ne s'y trouve pas seulement
soi-même. Nous avons les instincts les plus mauvais,
hélas ! aussi bien que les meilleurs ; les tentations
auxquelles nous résistons nous font connaître le mal
où les autres succombent ; on peut donc étudier
l'homme en soi : ainsi a fait Mlle de Guérin ; elle a parfois des maximes d'une profondeur, d'un désenchan-
tement à désespérer la Rochefoucauld lui-même.

Cette chambre, d'où elle ne peut sortir, est ouverte
au soleil ; le feuillage léger des acacias y fait flotter
des ombres transparentes. Le mobilier en est simple,
modeste : une petite table. avec tout ce qu'il faut pour
écrire, est posée près de la fenêtre, devant le jour.
Une image de la Vierge donne à cette chambre l'as-
pect d'une chapelle. « On fait église partout », dit-
elle. Un Christ dans son cadre, une sainte Thérèse à
genoux, — la sainte Thérèse de Gérard donnée par la
baronne de Rivières, — un petit tableau de l'Annon-
ciation sont attachés aux murs ; quelques fleurs des
champs trempent leur tige dans un gobelet, devant
une sainte image ; et, souvenir mondain perdu au milieu de ces pieux souvenirs, une guitare dont les cordes sont détendues ou brisées, est là comme pour rap-
peler que la lyre du poëte n'a plus ses vibrations
sonores.

Cette guitare n'est qu'un emblème ; jamais ses cordes n'ont vibré sous les doigts d'Eugénie. Pourrait-on
croire qu'avec une âme qui est tout harmonie, elle
n'ait pas le sentiment musical ? Elle écoute avec
autant de plaisir « un grillon qu'un violon. » Elle préfère au concert le chant d'une grive dans les gené-

vriers du Cayla. Les instruments n'agissent pas sur
cette organisation pourtant si impressionnable; rien
ne vibre en elle que les cordes du cœur.

C'est là, au fond de cette chambre, que sa vie est
cachée pendant longtemps comme un nid sous les
feuilles; on ne sait d'elle que ce qu'elle en a dit. Peu
d'événements agitent cette existence tranquille, et
cependant tout y est événement, tout fait bruit dans
cette solitude.

Le temps y passe d'un vol si rapide que, pour
donner plus de longueur aux journées toujours trop
courtes, Eugénie se lève matin; depuis cinq jusqu'à
sept heures, suivant la saison, et se réglant sur le soleil. Elle a mis tout l'ordre possible dans sa vie, aimant que tout soit à sa place autour d'elle comme en
elle; estimant que le désordre physique entraîne trop
souvent le désordre moral, et que l'accord parfait de
toutes choses fait l'harmonie de l'existence humaine.

La journée se passe en famille, en soi-même. C'est
un grand événement qu'une visite au Cayla! Un
voisin s'y arrête quelques heures; un ancien métayer
vient demander «place au feu et à la bouteille»; deux
quêteurs implorent une aumône; ils passent et tout
retombe dans le silence.

Ce n'est pas là qu'on s'arrête aux bruits du monde;
on n'a pas le temps de leur prêter l'oreille. « Peu
» importent les choses du dehors, dit-elle, à moins
» qu'elles n'aillent retentir au dedans comme le mar-
» teau qui frappe à la porte!» Et cependant il est
des jours où on voudrait y savoir les événements;
mais non, rien ne pénètre dans ce château du Cayla
si bien fermé. « Le monde pourrait chavirer, on n'en
» saurait rien. »

Le dimanche est un jour de sortie; Mlle de Guérin
accompagne sa famille qui se rend à la messe du Lentin

ou d'Andillac, à pied, avec manteaux, sabots et para-
pluies, « tout l'attelage de l'hiver », aux vêpres à
Cahuzac, « où tout est petit, hormis le curé, » dit-elle
gaicment. Les autres jours, elle va, de foyer en foyer,
visiter les habitants pauvres du village, apprendre
aux enfants le catéchisme et la prière, porter des se-
cours aux malades, les consoler dans leurs afflictions,
les résigner à la mort. Le reste de son temps se passe
« en affairages, » le plus souvent en rêveries : à voir
voler les hirondelles, à écouter le rossignol. Est-elle
fatiguée ? elle se repose la tête sur une gerbe ; ou,
dans la grange, assise sur la paille, elle regarde jaillir
le grain sous le fléau des batteurs.

Sa vie coule pure, limpide, non ainsi qu'un fleuve,
mais comme un ruisseau, dans un lit un peu étroit
peut-être, mais elle ne demande pas à en sortir pour
se répandre au dehors. Elle n'aime à changer ni de
lieu, ni de ciel ; il lui faut sa chambrette, ses livres,
son chien, son oiseau ; elle ne peut abandonner tout
cela, même pour huit jours ; il lui semblerait qu'elle
se quitte et qu'elle laisse d'elle-même au Cayla tout ce
qu'elle a de meilleur. Jamais on ne poussa plus loin
l'amour de la solitude, on ne saurait lui en faire un
reproche ; « la plus grande chose du monde, a dit
Montaigne, c'est de sçavoir estre à soi. »

Seule dans cette chambrette pleine des parfums
de la fleur et des chants de l'oiseau, elle relit un des
livres sérieux de sa bibliothèque, ou compose un ar-
ticle de son charmant Journal devant un crucifix, au
bord de cette table dont elle a fait un autel. Est-il
donc étonnant, qu'écrivant au pied de cette croix,
sous le regard de sainte Thérèse, elle s'écrie dans
l'élan d'un amour divin : « Les douces larmes et la
» belle histoire que cette femme qui a tant aimé ! »

Comme elle compte des jours de tristesse, elle a

aussi des jours d'ennui, des instants où elle retombe sur elle-même, où son âme ne peut plus s'envoler, comme un oiseau qui a mouillé ses plumes. Elle est tentée de demander à Dieu pourquoi elle est au monde, quel est le but de sa vie. Ces lassitudes ont peu de durée ; un rayon de soleil a bientôt séché ses ailes et cette âme reprend son vol.

Nous avons dit que tout faisait événement dans ce vieux château du Cayla. A l'arrivée d'une lettre ou d'une nouvelle, Mlle de Guérin sort pour aller lire ou prêter l'oreille. Une lettre est pour elle comme l'arrivée d'un ami ; elle l'écoute avec le même plaisir, le même bonheur. C'est qu'une lettre est tout l'esprit, tout le cœur de qui veut les enfermer dans un pli. Que reste-t-il au loin de l'ami ? l'enveloppe de cette âme. La parole s'évapore, la lettre demeure ; et pourtant elle s'écrie, dans un instant de tristesse, après le départ de Maurice : « Une lettre, c'est bien peu de » chose à la place de quelqu'un ! »

La correspondance lui prend beaucoup de temps, on ne le regrette pas, il est trop bien employé pour nous. Ces lettres vont à petites journées, par des occasions, de château à château, par le curé, par un domestique, par un marchand de blé ou un charbonnier, par le premier venu. On s'écrit les jours de foire, le député de l'endroit se charge lui-même du courrier de Paris ; il n'est pas seulement, à cette époque encore si près et pourtant déjà si loin de nous, l'homme d'affaires de ceux qui l'ont élu, mais encore leur facteur. On se contente alors de ces voies moins rapides qu'économiques. Aujourd'hui la vapeur elle-même ne court pas assez vite au gré de notre impatience ; il faut que l'électricité porte, en quelques minutes, notre pensée de l'autre côté des mers.

Ses idées de solitude ne sont pas tellement arrê-

tées qu'elle ne songe parfois, dans un rêve de
cœur, à sortir du Cayla par le mariage. Elle avoue,
dans la naïveté de son âme, avoir rêvé d'une petite
maison hors des villes, propre plutôt qu'élégante et
coquette, avec une vigne décorant la porte de ses fes-
tons, des meubles simples, de la vaisselle luisante
sur les dressoirs et des poules dans la basse-cour ;
elle voudrait se voir là avec quelqu'un « avec je ne
sais qui, » dit-elle.

Au milieu de ces aspirations vagues, on ne doit pas
être surpris qu'elle se lasse un jour de se faire si longue compagnie à elle-même. A la pensée d'abandonner le Cayla pour quelque temps, sinon pour toujours,
elle s'écrie : « Je voudrais bien que le projet de ce
» voyage s'accomplît, et que moi je fusse du voyage ! »
« Oh ! venir te voir à Paris ! » écrit-elle à Maurice ; elle
ajoute tristement : « mais non , ce serait trop joli
» pour ce monde ; n'y pensons pas ! » Son frère est le
but suprême de ce voyage, on n'en saurait douter. Il
est cependant permis de supposer qu'elle ne regrette-
rait pas, en allant vers Maurice, de rencontrer Paris
sur son chemin.

C'est ainsi que nous sommes initiés par Eugénie à
la vie intérieure qu'elle mène au Cayla. Ceux qui con-
naissent toutes les délicatesses de son esprit, tous les
raffinements un peu précieux de son cœur, ne suppo-
seront jamais qu'une femme, vivant dans ces nuages,
consente à descendre jusqu'aux soins les plus vulgaires du ménage, et cependant elle prend, avec une indifférence apparente, un livre ou un ustensile de cuisine, occupant tour à tour son esprit et ses doigts.
Des petits poulets viennent de naître, elle les ré-
chauffe au coin du feu ou dans son sein ; elle lave sa
robe au ruisseau, et cette action vulgaire lui inspire
les pensées les plus gracieuses, les plus délicates :

« Le ruisseau, dit-elle, c'est la baignoire des oiseaux,
» le miroir du ciel, l'image de la vie, un chemin cou-
» rant, le réservoir du baptême. » On voit qu'elle a
lu Pascal ; il avait dit avant elle : « C'est un chemin
» qui marche. »

Quand elle se trouve prise de quelque vague mélancolie, elle coud, elle tricote, elle appelle cela : « tuer
» l'ennui à coups d'aiguilles ; » ou bien elle coiffe sa
quenouille, la voilà qui file, et tout en filant, « son
» esprit devide et retourne joliment son fuseau » en
se rappelant ces admirables paroles de Bossuet : « Ne
» paraît-il pas un certain rapport entre les langes et
» les draps de la sépulture ? On enveloppe presque de
» même façon ceux qui naissent et ceux qui sont
» morts ; un berceau a quelque idée d'un sépulcre,
» et c'est la marque de notre mortalité qu'on nous en-
» sevelisse en naissant. » Ainsi sa pensée va, du premier jour au dernier, de la vie périssable à la vie
éternelle.

Il ne faut pas s'étonner que Mlle de Guérin se livre à
ces vulgaires travaux ; c'est pour elle une nécessité de
position, un devoir non de famille, mais de fortune.
Elle avouera plus tard, quand sa sœur Marie sera de-
venue la Marthe du logis, qu'elle n'a jamais eu de goût
pour les occupations manuelles. « Elle ne se plaît pas
» aux choses de maison et gouvernement de femme. »
Cependant, nous l'avons vu, sa vie rêveuse se fait au
besoin active ; elle descend, quand il le faut, aux détails du ménage, éprouvant pour ces devoirs plus d'é-
loignement instinctif que de véritable répugnance.
Elle ne craint les occupations du dehors que parce
qu'elles viennent déranger le cours de sa vie intérieure ; elle sacrifie à regret au corps tout ce qui est
de l'âme.

Rien de plus patriarcal que cette existence du Cayla,

rien de plus frugal en même temps. On y dresse parfois la table au coin du feu de la cuisine ; de la soupe
des domestiques, des pommes de terre bouillies et un
gâteau cuit la veille, en même temps que le pain : tel
est le menu d'un souper ; on soupait encore au Cayla.
» Nous n'avions pour serviteurs que nos chiens, s'é-
» crie gaiement Mlle de Guérin, Lion, Wolf et Trilby
» qui léchaient les miettes ! » On serait tenté d'a-
jouter : pauvres chiens !

Cette cuisine qui sert de salle à manger devient au
besoin pour elle un cabinet de travail. Un jour elle s'y
installe au coin du feu, l'encrier dans une boîte à al-
lumettes, Azor à ses pieds. On vient lui enlever son
écritoire ; il lui reste heureusement dans la plume assez d'encre pour écrire cette jolie phrase à l'adresse de
Mlle Louise de Bayne : « Quand j'aurai tout à moi
» dans ma chambrette, je serai plus longtemps à vous
» dire que je vous aime. »

Tel est le vieux château du Cayla, telles en sont les
mœurs antiques ainsi que les vertus. En voyant cet
intérieur calme, cette vie sainte à laquelle M. de Guérin préside au milieu des respects, on applique involontairement au vénérable chef de cette famille les paroles de Fléchier sur Lamoignon :

« Ne louons de sa naissance que ce qu'il en loua
» lui-même, et disons qu'il sortait d'une famille où
» l'on ne semble naître que pour exercer la justice et
» la charité, où la vertu se communique par le sang,
» s'entretient par les bons conseils, s'excite par les
» grands exemples ; où les pères ont plus de soin du
» salut de leurs héritiers que de l'accroissement de
» leurs héritages ; où les enfants aiment mieux suc-
» céder à la probité qu'à la fortune de leurs pères ; et
» où la crainte de Dieu, la miséricorde et la paix sont
» les règles de la discipline domestique. »

On conçoit que, dans un tel milieu, la foi se conserve pure comme les mœurs ; aussi Mlle de Guérin ne croit-elle pas avec la raison, mais avec le sentiment ; il lui semble que la preuve des vérités de la religion est en elle et qu'il est inutile de la chercher ailleurs ; elle a ce qu'elle appelle « le naturel de la foi. » Ce mot est comme le résumé d'une pensée de Pascal : » C'est le cœur qui sent Dieu, dit-il, et non la raison ; » voilà ce que c'est que la foi parfaite ; Dieu sensible » au cœur. »

Les vérités ne lui suffisent pas ; elle s'attache aux légendes, et le dragon de Saint-Nicaise lui-même n'a rien de fabuleux pour elle On pourrait dire qu'elle croit les yeux fermés, si elle n'avait pas toujours les regards élevés vers le ciel.

A voir sa foi naïve, il serait permis de supposer qu'elle a une de ces piétés qui ne comprennent que l'extérieur de la sainteté, se livrant à des sévérités contre le corps et ne donnant pas la discipline à l'esprit ; il n'en est rien, et c'est pour la dévotion mal entendue qu'elle répète ce mot charmant de saint François de Sales à des religieuses qui lui demandaient la permission d'aller nu-pieds : « Changez votre tête » et gardez vos souliers ! »

Nous nous permettrons de citer ici deux pages où Mlle de Guérin peint la piété mal comprise et la piété ainsi qu'on doit la pratiquer, la piété d'après elle-même ; les citations sont un peu longues, on nous les pardonnera car nous n'en avons pas abusé jusqu'ici ; elles se feront pardonner elles-mêmes encore mieux.

« Ne parlons pas de contempler, dit-elle, c'est » l'état du ciel, des bienheureux. Nous, pauvres pé- » cheurs, c'est beaucoup de savoir s'abaisser devant » Dieu pour gémir de nos misères, de nos fautes. Il » est beau de s'élever, mais regarder dans son cœur

» est bien utile. On voit ce qui se passe chez soi, con-
» naissance indispensable pour nos affaires spiri-
» tuelles, pour le salut. Cela ne vaut-il pas mieux
» que de beaux transports, qu'une piété d'imagina-
» tion qui s'en va, comme un ballon, toucher les astres
» et tomber ensuite? Il y a, dans la piété, un côté
» idéal qui a ses dangers, qui remplit la tête de ciel,
» d'anges, de pensées séraphiques sans mettre rien de
» solide au cœur, sans le tourner à l'amour et à la
» pratique de Dieu. »

Si elle critique ainsi la piété purement contempla-
tive, celle qui élève les yeux vers le ciel sans jamais
les abaisser vers la terre, qui semble ne vivre qu'en
Dieu, elle va donner un pendant à ce tableau en pei-
gnant la piété ainsi qu'elle la comprend et la pratique, celle qui vit non-seulement en elle-même, mais
dans les autres par la charité :

« Oh ! si l'on connaissait la piété, dit-elle dans
» une lettre à madame la baronne Xavier de Maistre,
» on n'en aurait pas tant peur et on n'en dirait pas
» tant de mal : c'est le baume de la vie, et peut-être
» on croit dans le monde qu'elle consiste en amer-
» tume, en rudesse, en sauvagerie ; mais, croyez-
» moi, rien n'est plus doux, plus pliable, plus aimant
» qu'une âme pieuse. J'en connais qui souffrent tout,
» qui sont capables de tout ce qui est grand, noble,
» généreux, l'admiration du monde si le monde les
» connaissait, voilà ce que bien jeune j'ai remarqué,
» et qui m'a remplie d'amour et de vénération pour
» cette religion qui rend les hommes si parfaits, qui
» fait de si douces et bonnes créatures. »

Telles sont les règles de cette piété si profonde, en
même temps si éclairée des plus vives lumières de la
foi, piété douce, aimable, qui a plus de sourires que
de larmes. « Pleurer, ce n'est pas aimer, dit-elle ;

» Dieu regarde plutôt ce qui sort du cœur que ce qui
» sort de la paupière. »

Assez de citations, trop peut-être. On ne saurait
se décider à chercher des variantes pour ce que Mlle de
Guérin a si bien dit, dans un style qui lui appartient
et dont elle a emporté le secret. On voudrait tout citer
afin de la faire apprécier autant qu'elle le mérite ; et
qui peut la faire mieux connaître qu'elle-même qui
se connaît si bien !

Mais l'âme n'a pas assez de croire pour son compte,
la foi tend à se répandre, elle gagne de proche en
proche ; on a dit avec raison qu'elle se propage. Si
Mlle de Guérin se préoccupe de son salut, celui des
autres lui est aussi cher. Avec quel bonheur elle
s'écrie, en parlant de son frère Erembert : « Eran est
» allé se confesser ! » Et en le voyant s'asseoir à la
table de communion : « Encore un frère de sauvé ! »

Elle se préoccupe, avant tout, du salut de Maurice. Elle craint qu'il ne suive trop loin Lamennais
dans le chemin dangereux où cet esprit inquiet s'en-
gage ; elle n'ose y penser, elle déplore ce malheur ;
tout se résume dans ce cri du cœur : pauvre Maurice !

Sa sollicitude s'étend jusqu'aux indifférents. Toute
âme qui souffre lui est chère, et, à ce titre, inspire
sa pitié. Dans un endroit, elle s'écrie : « Que je vou-
» drais voir tous mes amis à la Trappe, en vue de leur
» bonheur éternel ! » Il est permis de trouver que
Mlle de Guérin pousse un peu loin sa sollicitude pour
les âmes, qu'elle fait bon marché peut-être des plaisirs et des vanités de ce monde, même quand il s'agit
de ses amis.

Ces amis étaient peu nombreux : il suffisait à son
cœur d'avoir du respect pour son père, pour ses pa-
rents un attachement familier ; c'est pour son frère
seul que ce cœur était rempli d'une ineffable ten-

dresse, de l'amour des anges. Quant à l'amitié entre femmes, elle semble ne pas y croire, elle redoute ces liens : « Ce sont des nœuds de ruban pour l'ordi-
» naire, » dit-elle.

Et qu'on ne croie pas que ce soit par indifférence, par froideur ; elle a une sensibilité vraie, elle s'atta-che à tout ce qui l'entoure par les liens de l'affection la plus douce, la plus tendre. Elle aime ce qui naît, ce qui meurt.

Elle va voir dans la bergerie « un petit agneau
» blanc ; » la puérilité des circonstances de cette vi-site disparaît devant cette réflexion chrétienne :
« J'aime à voir ces petites bêtes qui font remercier
» Dieu de tant de douces créatures dont il nous en-
» vironne. »

Sa tourterelle meurt, cette tourterelle qu'elle aime parce qu'elle est blanche, parce que c'est la première voix qu'elle entende le matin dans sa solitude ; et, en la pleurant, elle regrette qu'il n'y ait pas de colombes au ciel.

Ceci est le côté puéril de ses tendresses. Elle aime tous les êtres créés, parce que tous lui parlent du Créa-teur et qu'elle le cherche en eux. Elle le retrouve en-core mieux dans ses amis. Quelle affection tendre ! Quelles sollicitudes d'esprit ! Quel renoncement à elle-même ! Quel détachement de toutes choses pour ce qui n'est pas eux ! Elle aime leur âme parce que c'est avec l'âme qu'elle aime, non-seulement dans le temps, mais dans l'éternité. « Après que j'ai donné
» affection, dit-elle, c'est fini ; en voilà jusqu'au ciel
» où l'on aime encore. Quand Dieu veut qu'on aime,
» c'est éternellement : l'amitié sainte n'est qu'un
» écoulement de la charité qui ne meurt pas. »

Telles sont les occupations sérieuses, en même temps un peu futiles de ce cœur, les friandises dont se nourrit cette sensibilité un peu délicate. Quant à cet esprit grave, il lui faut des aliments plus solides, plus substantiels.

Les livres de sa bibliothèque, « ces amis, dit Montai-
» gne, qui nous reçoivent toujours de même visage, »
sont peu nombreux ; elle semble s'en plaindre : « Je
» n'ai plus rien à lire, dit-elle, à moins de relire. »
Sur les rayons à moitié vides sont placés : l'Imitation, ce livre des livres ; les ouvrages « à sa portée »
de saint Augustin ; les Lettres de saint Jérôme, de
saint Grégoire de Nazianze, de saint Bernard ; l'Histoire universelle de Bossuet, « toute pleine de gran-
» deur ; » les écrits de saint François de Sales que
Jean-Jacques Rousseau nommait « le plus aimable des
» saints ; » les Pensées de Pascal sur la religion ; tels
sont les livres qui servent d'aliment à cette foi ro-
buste ; c'est le fond de sa bibliothèque et un peu le
fond de son esprit. Ces lectures alternent avec des
exercices de piété, elles semblent les continuer ; ce
sont comme des méditations après la prière, des
moyens d'avoir toujours Dieu présent ; Mlle de Guérin
a choisi dans le monde une place d'où il lui est toujours permis de voir le ciel.

Au-dessous de ces ouvrages, aliments substantiels dont se nourrissent à la fois son intelligence et sa piété, se trouvent les livres qui sont pour elle comme le dessert de l'esprit.

Bernardin de Saint-Pierre charme ses journées et rend moins longues pour elle les soirées d'hiver. Elle passe des Harmonies d'un grand prosateur aux Har-monies d'un grand poëte, de Bernardin de Saint-Pierre à Alphonse de Lamartine. Son âme vibre à l'unisson de cette lyre, et la mémoire prolonge en elle l'émotion que fait naître la lecture de ces beaux vers.

La poésie grecque d'André Chénier plaît à ce cœur
si tendre, à ce goût si pur. On ne trouve pas sur ces
rayons un seul volume de Châteaubriand, et cependant Mlle de Guérin l'a lu; elle ne le dirait pas que
plus d'une page l'atteste. Quand on rencontre dans le
Journal ce passage sur le cœur : « Il faut à ce roseau
d'autres appuis que des roseaux, » on se rappelle
involontairement la phrase où le grand écrivain parle
de l'homme, « ce roseau qui se brise en perçant la
» main qui s'y appuie. »

Oh! combien elle préfère, « au Dernier jour d'un
» condamné, » Picciola, cette fleur cueillie au fraisier de Bernardin de Saint-Pierre, ce petit brin d'herbe
qui est toute la joie, tout le bonheur, toute la consolation, toute la vie d'un pauvre prisonnier !

De tous les romanciers, elle n'aime, n'estime que
Walter-Scott. « Delphine » lui fait peur : « Dans les
» romans de Mme de Staël, dit-elle, l'amour est une
» chaîne ; dans ceux de Walter-Scott, c'est un fil de
» soie blanche ; » elle aurait pu dire un fil de la
Vierge.

Ses préférences pour Walter-Scott ne s'expliquent
peut-être pas seulement par le génie du célèbre romancier ; la politique n'était sans doute pas étrangère à cette sympathie. Eugénie, fille d'émigré, avait
gardé au cœur, avec la haine des révolutions, l'amour
de ses rois légitimes. L'Ecosse lui parlait de la France,
un prétendant rappelait l'autre ; ainsi que Châteaubriand, dans un ouvrage célèbre, elle retrouvait les
Bourbons dans les Stuarts.

Qu'on nous pardonne d'avoir, en quelque sorte,
dressé, avec la minutie d'un bibliothécaire, le catalogue des livres appartenant à Mlle de Guérin. Si nous
n'avons rien laissé ignorer des impressions qui lui
restent après ses lectures, de ses répugnances comme

de ses sympathies, c'est que nous avons pensé la faire
mieux connaître. On a ses intimités d'esprit comme
ses relations du monde, elles entraînent les mêmes
conséquences : dis moi ce que tu lis, je te dirai ce
que tu es.

Nous n'avons encore dit qu'un mot de Maurice,
« ce cœur du cœur ; » il doit tenir une grande place
dans notre travail, celle qu'il occupe dans l'existence
de sa sœur. Nous avons raconté de Mlle de Guérin sa
vie au Cayla, ce que nous savons de son caractère,
de sa foi, de ses travaux du corps et de l'esprit ; nous
nous sommes assez occupé d'elle ; parlons de lui, c'est
ne pas la quitter.

Le Journal est, au profit de Maurice, le confident
des pensées d'Eugénie. « Ceci n'est pas pour le pu-
» blic, dit-elle, c'est de l'intime, de l'âme. » Il n'est
écrit que « pour un, » car il n'y a pas deux Maurice.

Celui qui rédige ses Mémoires avec la pensée qu'ils
seront publiés un jour, fait malgré lui la toilette de
sa personne et de son esprit. Si son œuvre gagne en
correction, elle perd en naturel et en grâce. Peu importe à Mlle de Guérin la forme de sa pensée, elle ne
s'attache qu'à la pensée elle-même, elle a dans son
style des timidités d'enfant en même temps que des
hardiesses de grand écrivain. C'est ainsi qu'elle nous
fait connaître sa vie intérieure ; elle ne nous cache
rien de ses relations avec elle-même. On comprend
qu'elle n'imite, dans leurs prétendues confessions,
ni les enfants de ce siècle, ni les hommes de l'autre ;
eux se confessaient au monde, elle se confesse à
Dieu.

Ce qui fait le charme de ces pages, c'est qu'elles
sont écrites d'un seul jet du cœur autant que de l'esprit. La plume court, elle vole, rien ne l'arrête ; le
premier mot venu est le meilleur quand il rend mieux

la pensée. Peu importent à Mlle de Guérin l'élégance, la correction elle-même ! Elle « laisse tout tomber » sur le papier, même des larmes. » La véritable pensée de ces confidences adressées à Maurice est tout entière dans l'épigraphe fournie par une lettre d'Hildegarde à saint Bernard : « Je me dépose dans votre âme. »

Ce Journal est l'histoire intime de sept années : il commence le 15 novembre 1834, par le second cahier. Comme il arrive parfois que le papier manque dans cette solitude un peu dépourvue du Cayla , Mlle de Guérin se sert d'un cahier destiné à la poésie , elle n'en ôte rien que le titre : « fil et feuilles, tout y de- » meure. » Le premier cahier ne s'est pas retrouvé ; la correspondance , nous l'avons vu , a comblé ce vide et réparé cette perte, autant qu'on peut réparer ce qui est irréparable , hélas !

Ces pages sont bien « pour un. » Lorsque Maurice est là , sa présence est marquée par une lacune dans ces épanchements de chaque jour. A quoi bon écrire ce qu'on peut dire ; confier au Journal ce que l'on confie au cœur ? Les pensées se figent sur le papier , à mesure que l'encre y sèche ; quand on peut les offrir fraîches, à quoi bon mettre dans ce cahier, comme dans un herbier , les fleurs de l'âme ? Lorsque Maurice est là , le cahier garde donc ses feuillets blancs. S'il prolongeait son séjour , toutes ces confidences de cœur seraient perdues pour nous ; on ne saurait s'attrister de ce départ qui va nous les rendre. Oh ! quelles pages touchantes de regrets ! Que cette chambre d'absent est triste et comme on trouve grand ce vieux château que Maurice occupait tout entier ! On le cherche où on était avec lui ; tout ce qu'il a touché reste en souvenir ; on le retrouve partout, surtout au fond du cœur.

Telles sont les pensées de Mlle de Guérin ; elle se

console par la prière, par la lecture de saint François
de Sales, au chapitre des amitiés ; doux aliment pour
cette âme qui « vivrait d'aimer ! » Elle se résigne en
disant la prière de Madame Elisabeth au Temple, cette
admirable prière d'une sainte dont le frère fut un
martyr !

Elle voyage avec ce cahier commencé, elle l'envoie
à son frère quand il est rempli ; Maurice en accuse
souvent réception, pas toujours, il répond par quelques mots seulement à ces pages ; et elle lui adresse
« des grondades, » se plaignant « de ce petit cœur à
« la glace, » de ce cœur fermé.

Maurice, on le comprend, écrit à sa sœur avec une
certaine réserve ; elle est une femme pour lui, tandis
que lui n'a pas de sexe pour elle ; c'est son frère !
« Son âme a perdu de sa tendresse, écrit-elle à
» M. Hippolyte de la Morvonnais, ce frère qui m'ai-
» mait comme un enfant, me contait naïvement toutes
» choses, il se tait à présent ; pourquoi ? Dieu le sait. »
Elle se résigne, mais ce n'est pas sans un vif chagrin
de l'âme. Elle regarde cette réserve comme un défaut
de confiance ; elle ne comprend pas, dans l'innocence
de son cœur, qu'une sœur ne puisse pas être toujours
l'intime confidente de son frère ; et pourtant une lettre
de lui, si froide et réservée qu'elle soit, est un de ses
grands bonheurs. Jamais la sainte affection d'une sœur
n'a mieux mérité le nom d'amour fraternel. Quand
elle reçoit, au milieu du monde, une de ces chères
missives, elle sort, elle va au loin dans la garenne
pour la lire et la relire à son aise : « Comme j'allais
» vite, dit-elle, comme je tremblais, comme je brû-
» lais cette lettre où j'allais te voir enfin ! »

Ce bien-aimé frère semble être la seule préoccupa-
tion de sa pensée. Elle passe les nuits à lui écrire,
elle s'inquiète pour lui d'une position dans le monde,

elle serait heureuse de lui voir « un point d'appui à
» la vie matérielle ; » elle ne fait qu'un avenir avec
Maurice comme elle ne fait qu'un cœur avec lui.

C'est que Maurice, moins âgé, est presque un enfant
pour elle. En prenant soin de lui, elle s'est fait comme
une maternité, elle sent qu'elle n'en aura pas d'autre,
elle trompe son cœur, elle se trompe elle-même en
aimant son frère comme elle aimerait un fils.

Et puis la santé de Maurice est si chancelante ! Il
est pâle, il a souvent des accès de fièvre ; on s'attache
à ces existences frêles, on craint à chaque instant de
voir se briser les liens si fragiles de la vie ; on sent le
besoin de retenir par l'affection ces âmes qui semblent
toujours près de déployer leurs ailes.

Maurice va se marier, et cependant il est triste.
Est-ce inquiétude de santé ou d'avenir ? Peut-être tous
les deux ; et pourtant n'est-il pas aimé de sa charmante fiancée, de cette Caroline venue des bords du
Gange aux bords de la Seine pour le rendre heureux ?
Le ciel semble avoir pris soin de cette compagne qu'il
lui donne : elle a reçu des mains de Dieu toutes les
grâces comme toutes les vertus ; et cependant Maurice
est triste, de cette tristesse d'autant plus incurable
que sa cause est inconnue. Il y a dans cet esprit du
Werther et de l'Oberman ; tout semble épuisé pour
cet enfant du siècle, on dirait qu'il ne lui reste plus
qu'à mourir et que d'avance il se regrette.

C'est que cette santé si chancelante ne se consolide
pas ; Maurice tousse encore. Quelles inquiétudes mor-
telles pour sa sœur ! Ce n'est pas lui seulement qui
souffre, c'est elle qui souffre en lui. Elle s'écrie : « J'ai
» cette toux en moi, j'ai mal à la poitrine de mon
» frère ! » Mot saisissant, en même temps adorable de
grâce ; c'est comme un cri du cœur !

Le style de ce Journal est doux, harmonieux ; son

premier cahier avait pour titre : « Poésies ; » c'est du bout de la plume seulement que Mlle de Guérin l'a effacé ; il ne manque souvent que des rimes à cette prose. Parfois un vers lui échappe, elle s'arrête avant le second : « Je ne veux pas faire de la poésie, » dit-elle, et c'est avec raison. Elle se repentira plus tard de ce titre effacé ; elle regrettera de n'avoir pas écrit « Les Enfantines, » elle aura tort. Poëte par la pensée, elle ne l'est point par la rime ; une ligne de sa prose vaut mieux que tous ses vers.

Qu'il nous soit permis de manquer une fois à la parole que nous nous étions donnée : on ne prend rien à ceux que l'on critique, on les appauvrit sans profiter de leurs dépouilles. C'est avec une apparence de raison que Mlle de Guérin a été comparée à notre grande épistolière, quoiqu'on ne puisse rien retrouver d'elle dans le Journal, si ce n'est Mme de Grignan en Maurice. Un écrivain a dit, en des termes qui semblent avoir trahi sa pensée, que Mlle de Guérin était « une Sévigné de » province et de campagne, » nous ne saurions accepter un parallèle ainsi établi. C'est à tort que l'éminent critique a rétréci le cadre des scènes décrites par Mlle de Guérin, a mis le village au-dessous de la Cour ; les œuvres d'un homme, si grandes qu'elles soient, si grand qu'il soit lui-même, ne sont que néant auprès des œuvres du Créateur. Si Mme de Sévigné a célébré Louis XIV, on peut dire de Mlle de Guérin qu'elle a chanté Dieu.

Elle a, sur tout et sur rien, des phrases charmantes : sur une goutte d'encre, sur un oiseau qui sautille dans sa cage ou chante dans la haie, sur le changement d'une pierre de foyer, sur un rayon de lune, un reflet de soleil. Une feuille de rose tombe sur le papier où elle écrit, elle la renferme dans l'enveloppe : « C'est, » dit-elle, pour porter au pauvre exilé un peu des

» parfums du pays. » Jamais on n'a mieux justifié le mot de Vauvenargues : « C'est l'âme qui forme » l'esprit et lui donne l'essor. »

Il faut lire, même après Schiller, une délicieuse page sur la bénédiction d'une cloche, un poëme de quelques lignes, mais qui vaut seul un long poëme, un poëme en prose ; c'est plein de sentiment et d'images. Nous avons dit qu'il fallait lire cette page, il faut les lire toutes. Peu importe où on ouvre le livre, il n'est pas d'endroit où on soit tenté de le fermer.

Ce que Mlle de Guérin aime, c'est la nature. Quels ravissants paysages ! aucun peintre n'a tracé des lignes plus pures, n'a fait fuir des horizons plus vaporeux, n'a trouvé ces effets où l'ombre joue avec la lumière. Quelles couleurs pourraient lutter avec cette palette ! Aucun pinceau ne vaut cette plume. Les peintres ont beau animer le paysage avec l'homme, avec les animaux, on dirait toujours d'une œuvre morte ; Mlle de Guérin lui donne la vie. C'est que la nature des paysagistes est muette, la nature de l'écrivain a une voix ; tout chante pour lui, dans la création, l'hymne éternel au Créateur.

Elle est, avant tout, le peintre de l'âme. C'est bien à tort qu'elle dit : « Le triste me rend muette ; » tout son talent est fait de mélancolie. A propos d'un bouquet composé avec des fleurs de givre qui fondent dans ses mains, elle dit : « Toute fleur dure peu ! » Tel est le fond de sa pensée ; il est rare que ce qui commence pour elle par un sourire ne finisse pas par une larme.

Ce Journal qui, en certaines choses, paraît si complet, a des lacunes. Mlle de Guérin n'y raconte pas sa vie jour à jour ; ce n'est ni paresse ni découragement d'esprit ; il y a des instants où elle trouve que l'aiguille lui sied mieux que la plume. Ces instants sont rares, ils passent vite ; la plume aura son tour.

Au dernier feuillet, une fois, elle s'écrie : « Voilà
» mon cahier fini, en recommencerai-je un autre? Je
» ne sais. » O coquetterie de l'esprit! le doute n'est
qu'au bout de la plume. Un autre cahier est prêt, et
il n'y aura, entre la fin de l'un et le commencement
de l'autre, que l'intervalle d'un jour; et sur ce cahier
on lira cette phrase charmante : « C'est mon signe de
» vie que d'écrire, comme à la fontaine de couler. »

Elle aime ce journal comme un confident, comme
un ami; elle dirait volontiers, ainsi que Maurice :
« O mon cahier, tu n'es pas pour moi un amas de
» papier, quelque chose d'insensible, d'inanimé; non,
» tu es vivant, tu as une âme, de l'intelligence, de
» l'amour, de la bonté, de la compassion, de la pa-
» tience, de la charité, de la sympathie pure et inal-
» térable! »

C'est que le journal de Maurice et celui d'Eugénie
sont tour à tour comme l'écho l'un de l'autre ; leurs
pensées se répètent plutôt qu'elles ne se répondent;
on pourrait dire de lui et d'elle qu'ils sont jumeaux
d'esprit.

Si nous étions encore au temps des parallèles,
ce genre qui comparait à outrance, quand même, et
n'était qu'un prétexte à antithèses, le moment serait
venu d'établir en quoi l'esprit du frère et de la sœur
se ressemblent ou diffèrent. Tous deux sont des peintres de la plume, de grands coloristes tous deux; ils
ont la même palette et cependant ils ne sont pas de
la même école.

Maurice ne voit de la création que le côté extérieur,
la beauté plastique; Eugénie y entre plus avant. Pour
Maurice, la nature semble être l'âme du monde; pour
Eugénie, la nature n'est que l'ensemble de la création;
l'âme du monde, pour elle, c'est Dieu.

Voilà en quoi le fond de ces deux esprits diffère; il

nous eût encore été plus facile de montrer les côtés par lesquels ils se touchent et se ressemblent. La plupart des éloges donnés au talent de la sœur appartiennent aussi bien au frère; mais ce n'est pas de lui qu'il s'agit. Nous nous arrêtons d'autant plus volontiers qu'on loue un peu Maurice en faisant l'éloge d'Eugénie.

Tout le monde connaît cette belle gravure qui reproduit un admirable tableau d'Ary Scheffer, saint Augustin et sa mère. Ils sont là, cœur à cœur, la main dans la main, les yeux au ciel, transfigurés par l'amour de Dieu, emportés vers lui sur les ailes de la méditation et de la prière. On dirait qu'ils ne tiennent au monde que par les liens les plus fragiles du corps et que ces liens vont se briser ; leur âme est comme un ballon captif que son filet rattache à la terre, mais qui demande à rompre ses liens pour monter au ciel.

Jamais nous n'avons vu ni ce tableau, ni cette gravure, sans penser à Eugénie, à Maurice. Cette sœur qu'on dirait une mère, nous a toujours été rappelée par l'admirable image de sainte Monique, cette mère qui ressemble à une sœur.

Une pointe de critique relève la saveur de la louange ; il faut bien l'avouer : ce style, si attrayant qu'il soit, fatigue à la longue par le retour fréquent des mêmes pensées. Il est trop plein de rayons et d'oiseaux, de fleurs et de parfums; tous ces rayons aveuglent, ces oiseaux étourdissent, ces fleurs enivrent, ces parfums montent au cerveau ; et puis, on trouve çà et là, des mièvreries de cœur, des recherches de sentiment, des puérilités d'esprit, des exagérations de tristesse; ce ne sont heureusement que les défauts des plus exquises qualités. Il est si difficile de parler de soi, de se raconter durant deux volumes !

On se rappelle que Mlle de Guérin avait écrit un

jour à Maurice : « Oh! aller le voir à Paris! » Elle va quitter enfin le vieux château, et c'est pour assister au mariage de Maurice. Elle s'écrie : « Adieu » chambrette, adieu Cayla! » Elle part, elle est partie!

Que ne pouvons-nous la suivre sur ce chemin de traverse qu'on nommait la route de Paris, la voir, ainsi qu'elle le raconte gaîment, secouée, ballotée au milieu des sables de la Sologne, aveuglée, — heureusement, — par la poussière! Nous disons : heureusement, car la pluie rendait la route impraticable. Les voyageurs, obligés de descendre, se mettaient à la roue ainsi que des charretiers embourbés, ils poussaient tandis que les chevaux tiraient ; on pourrait dire qu'ils se traînaient eux-mêmes. C'est ainsi que, par la pluie, on arrivait à pas de tortue, quand on arrivait ; souvent on restait en chemin.

Grâce à la poussière donc, Mlle de Guérin est à Paris; ce qu'on cherche avec avidité dans sa correspondance avec le Cayla, ce sont les impressions de cette âme d'élite, de cet esprit si intelligent, mais si neuf en toutes choses, de ce jugement qui n'est encore que de l'instinct. Cet instinct la sert bien dans ses appréciations ; elle est pour les vieilles églises : la Sainte-Chapelle, Notre-Dame, Saint-Eustache, pour le Panthéon lui-même, « cette église passée de Dieu au » diable. » Elle préfère ces vieux temples à Notre-Dame-de-Lorette « coquette comme un boudoir, » à la Madeleine, « église sans clocher, sans confessio- » naux, expression d'un siècle sans foi. »

L'espace nous manque, on pourrait dire que l'heure nous presse, nous craignons que l'attention ne se fatigue ; nous glisserons rapidement. Que dirions-nous d'ailleurs ? Les jours se suivent et se ressemblent. Eugénie s'est fait une solitude en plein

Paris, dans ce Paris qui est resté pour elle « Jéru-
» salem et Babylone à la fois. » elle y a gardé les
habitudes les plus chères de sa vie : le matin la messe,
puis le déjeûner, le travail des doigts et de la pensée,
quelques heures de promenade seulement, — on voit
que Paris est l'accessoire et non le principal, — le
dîner à cinq heures, un peu de causerie, de piano,
et de gazette ; la soirée se passe, dix heures sonnent,
on se couche ainsi qu'au Cayla ; était-ce donc la peine
de le quitter? Il est vrai qu'en venant à Paris, elle
n'a pas eu d'autre motif que d'assister au mariage de
Maurice. Les détails de cette cérémonie sont racontés
avec une légèreté d'esprit, une grâce adorables : la
mariée est coiffée « à la Bengali. » On boit au dîner
du Madère et du Constance ; « c'est comme aux noces
» de Cana, » dit-elle dans son naïf enthousiasme,
on danse le soir ; et après s'être livrée pour la première fois, à cet exercice profane, elle s'écrie gaiement : « que M. le Curé prenne son aspersoir et
» m'exorcise ! J'ai dansé avec Charles, mon chevalier
» d'honneur ! » Ses lettres ont plus d'une fois de ces
douces gaietés.

Comme la semaine a ses occupations, le dimanche
a ses plaisirs. Ce jour-là seulement la vie de Paris
remplace pour Mlle de Guérin la vie du Cayla. Elle
fréquente les lieux publics, entre la messe et vêpres ;
elle a peu de temps, « les offices, dit-elle, sont in-
» terminables. » Elle visite le Musée espagnol « avec
» ses moines admirables, » le Musée égyptien, « tout
» ce paradis d'idolâtrie qui ne donne pas envie d'y
» entrer, » la collection des vases étrusques, toutes
les curiosités, tous les chefs-d'œuvre de l'art ancien,
et elle s'écrie : « que de siècles là-dessus ! »

On conçoit que Mlle de Guérin ne recherche pas les
plaisirs, même les plus permis. Depuis longtemps la

. santé de Maurice lui inspire des craintes sérieuses. Tout l'inquiète, rien ne la rassure; la poitrine est prise, il faut l'air chaud du Midi, mais on ne peut abandonner Paris avant les beaux jours et le printemps est encore loin !

. Cinq mois se sont écoulés; Mlle de Guérin a quitté depuis longtemps son pauvre malade que le bonheur n'a pu guérir; elle est au château des Coques, chez Mme Xavier de Maistre, où elle attend l'instant d'aller rejoindre Maurice à Tours. Elle a beau diriger son esprit vers Paris, rien ne la distrait, elle écrit pour tromper, sinon pour charmer son ennui; « tout lui » est lettre, elle vit entre deux feuilles de papier, » dit-elle, hors de là, rien ne l'intéresse; et pourtant la poste ne lui apporte que bien rarement des nouvelles de ce Paris où elle a laissé son cœur !

Son cahier va finir au milieu des tristesses, et elle s'écrie : « Mon Dieu! qui le lira! » — Qui le lira? tout le monde, excepté celui auquel il était destiné, celui qui devait le lire seul !

Que s'est-il donc passé? des lettres et des fragments du Journal vont nous le dire : Maurice a quitté Paris, Eugénie va rejoindre à Tours ce frère qui vient respirer l'air du pays natal. Ils partent dans une voiture de poste, voyageant à petites journées, avec des temps d'arrêt et de repos, allant d'hôtel en auberge, d'auberge en cabaret, suivant le hasard des gîtes et l'état du malade qui laisse peu d'espoir, si ce n'est en Dieu. C'est ainsi que Maurice arrive au Cayla, premier lieu de repos pour le pauvre malade, dernière étape vers la mort. Rien n'est admirable comme la résignation de ce chrétien dont on a voulu faire « l'André Chénier du panthéisme ! » Egaré sur les pas de Lamennais, il rétracte encore une fois ses funestes doctrines. Il demande les sacrements, même le dernier ; il les reçoit en pleine connaissance, avec l'expression de la foi la plus vive, et il s'éteint, les lèvres sur la Croix, les yeux au ciel, comme s'il en cherchait le chemin.

Oh ! quelle douleur navrante ! Eugénie se console du côté de la foi, mais non du côté du cœur. Ce ne sont que larmes et sanglots ; elle pleure, car elle a perdu quelque chose d'elle-même ; il lui semble qu'elle est morte en lui, comme elle souffrait en lui. Ce n'est pas seulement la tristesse d'une sœur, c'est comme la douleur d'une mère ; « n'a-t-elle pas perdu le fils » de son cœur ? »

Des idées de cloître lui viennent : « Le monde n'est pas mon endroit, » dit-elle. Un instant elle songe à rejoindre les Sœurs de Saint-Joseph, à Alger, où semblent l'appeler les grandes voix de ses deux patrons, saint Eugène et saint Augustin ; elle éprouve le besoin de donner sa vie pour quelqu'un, elle est comme décidée à partir ; puis elle pense que son père est là, qu'il est inutile d'aller se dévouer plus loin, et elle reste, et elle s'écrie : « Il faut s'attacher à Dieu, à celui » qui soulève le vaisseau et la mer, pauvre nacelle » que je suis sur un océan de larmes ! »

On croit que Mlle de Guérin a écrit la dernière ligne de son Journal ; non. Ceux que nous aimions ne meurent pas, ce ne sont que des absents ; et celui qui va recevoir encore les amères confidences de son cœur, c'est toujours celui qui est la gloire et la joie de son âme, c'est Maurice absent, « Maurice au ciel ! »

On s'aperçoit bientôt que ce Journal n'est plus écrit pour personne ; il erre sans direction, sans but, comme cette vie. Il cesse d'être « un tous les jours » ; il ne sait plus la date, il ne marche pas, il se traîne ; on dirait des fragments réunis après coup et classés par une main étrangère « Ne pourrais-je mieux écrire que ces

» rien du tout, que ce pauvre moi-même ? dit-elle ;
» l'insignifiant passe-temps ! et qu'il tient à peu que je
» ne le laisse ! » Quelques jours plus tard, le 31 dé-
cembre 1840, elle dépose la plume, après avoir écrit
cette phrase qui est comme un suprême adieu au
monde : « jetons nos cœurs en l'éternité ! »

Cet adieu n'est pas éternel : Mlle de Guérin, en je-
tant la plume, ne l'a pas brisée : l'ambition littéraire
est venue, elle ne songe plus à écrire pour un, mais
pour tous. Comme André Chénier, « elle sent quelque
» chose là ! » là, ce n'est pas seulement le front pour
elle, c'est aussi le cœur. Elle pense à composer un
tout petit ouvrage qui servirait de cadre à ses pensées ;
elle y jetterait, ainsi qu'elle le dit, « le trop plein de
» son âme. » Illusion ! illusion ! elle a écrit tout ce
qu'elle doit écrire : un Journal, des Lettres, c'est assez
pour que son nom soit immortel.

Qui pourrait supposer, après ces aspirations vers
la gloire, que Mlle de Guérin ait eu la pensée de ne
rien laisser d'elle, pas même son Journal ? La communication d'un document encore inédit nous permet
de l'affirmer. C'était pendant sa dernière maladie ;
elle appelle sa sœur : « Prends cette clef, dit-elle, et
» brûle tout ce que tu trouveras ; tout n'est que vanité ! »
Grâces soient rendues à la pieuse désobéissance d'une
sœur ; nous lui devons la conservation d'un chef-d'œuvre de style et de sentiment, de ce Journal qui semble
avoir été dicté par un ange !

Maurice est mort, il s'agit de le faire revivre par la
publication de ses œuvres ; Mlle de Guérin se dévouera
corps et âme à cette mission qu'elle s'est donnée. En
insérant le *Centaure* — cette œuvre de quelques pages
autour de laquelle on a peut-être fait trop de bruit —
et des fragments de correspondance, la *Revue des
Deux-Mondes* a mis en goût et fait attendre avec im-

patience la publication complète du Journal de Maurice, de ses œuvres, de ce qu'on appelle le *manuscrit vert*, ce manuscrit inconnu dont le mystère attire Eugénie comme un secret du cœur.

On ne saurait dire tout ce que la recherche de ces pages du frère coûte à la sœur de soins et de peines. Colomb n'a pas poursuivi avec plus d'ardeur la découverte de l'Amérique ; c'est tout un Nouveau-Monde, en effet, que la publication des œuvres du frère et de la sœur va découvrir pour l'âme et pour l'esprit.

Mlle de Guérin ne demande plus à vivre que le temps d'élever ce monument littéraire « à la France et à sa famille, » ainsi qu'elle le dit avec un peu d'emphase. Elle ne désire pas la publicité pour elle-même ; elle la repousse aujourd'hui. Hélas ! hélas ! elle est atteinte de la terrible affection dont son frère est mort ! Les eaux de Cauterets auront beau venir en aide aux soins qui l'entourent, elles ne prolongeront pas sa vie !

Nous avions pris l'engagement de ne peindre Mlle de Guérin que d'après elle-même ; son Journal est fermé, il nous manque deux années de sa vie. Elle ne nous en a rien dit depuis le jour où elle s'est écriée, avec un détachement sublime des autres et d'elle-même : « jetons nos cœurs en l'éternité ! » Aujourd'hui que, grâce à une faveur dont nous ne saurions nous montrer trop reconnaissant, il nous est permis de puiser dans la correspondance d'une amie, dans le Journal d'une sœur, nous pouvons combler cette lacune entre le Journal et la mort. Ces documents mis à notre disposition sont complètement inédits ; c'est leur moindre mérite. Nous en userons avec réserve, avec respect ; ce n'est pas manquer à l'engagement que nous avons pris. Chercher Mlle de Guérin dans les siens, c'est encore la chercher en elle-même.

Depuis que son Journal est fermé, Eugénie a fait

de sa chambre une cellule de religieuse. Elle y vit cloîtrée , ne sortant du Cayla « que pour le bien de son âme, » pour assister à des instructions religieuses ou remplir des devoirs pieux. Deux ans seulement avant sa mort, sa santé est dangereusement atteinte. Tout le monde s'abuse sur la gravité de cette affection ; elle seule a le pressentiment de sa fin prochaine , elle seule n'a pas d'autre espoir que celui de mourir. Pour ne pas affliger ceux qu'elle aime, elle parle de vivre : cependant sa pensée n'est pas si bien renfermée dans son cœur, qu'elle ne s'en échappe un jour : « Vous ne » m'aurez pas longtemps avec vous , » dit-elle à sa sœur.

C'était un an avant le terme fatal. A dater de cet instant, la mort arrive à grands pas ; mais plus elle approche, moins il semble qu'Eugénie la voie venir. Elle partage involontairement l'espoir qu'un intervalle de mieux donne à ceux qui l'aiment ; et cependant elle se prépare , elle se tient prête , comme si sa vie tout entière n'avait pas été une longue préparation à la mort !

Elle puise des forces contre les dernières souffrances , dans Fénelon , dans l'*Imitation* qu'elle se fait lire; dans la prière , surtout dans l'Eucharistie , ce pain des faibles et des forts. « Je veux mourir, dit-elle, » après avoir reçu le saint Viatique ; » puis, comme sa sœur Marie l'embrasse et pleure , elle lui dit en détournant la tête pour cacher une larme : « Oh ! ne nous » attendrissons pas ! » comme si elle craignait d'amollir son âme et de ne plus y trouver la force de mourir.

Telle a été la fin pieuse de M Eugénie de Guérin; elle ne pouvait mieux couronner sa vie. Elle est morte comme une sainte , ainsi que mourraient les anges s'ils n'étaient pas immortels ; morte avec le regret peut-être de n'avoir pas assez vécu pour assister à la publication des œuvres de son cher Maurice. Un autre réalisera cette pensée pieuse : M. Trébutien, « le savant et poétique antiquaire, » ainsi que M. Sainte-Beuve l'appelle, publiera les œuvres du frère et de la sœur; Dieu lui laissera le temps et les forces nécessaires pour accomplir la pieuse tâche qu'il a entreprise avec douleur, avec amour; et quand il aura élevé ce monument aux lettres, c'est l'Académie Française elle-même qui viendra le consacrer. En accordant au Journal de Mlle de Guérin une de ses plus hautes récompenses, elle a déposé une couronne d'immortelles sur ce tombeau.

Notre tâche est terminée, Messieurs, nous avons étudié l'auteur dans ses œuvres et les œuvres dans leur auteur ; nous l'avons dit, ils se tiennent si étroitement qu'il était difficile de les séparer. Après les avoir jugés dans leurs détails, jetons un dernier regard sur l'ensemble de ces travaux.

Jamais œuvre morale ne fut entreprise et menée à meilleure fin. Elle est tout d'une pièce, et dans ses nombreuses pages, il n'y a pas une phrase à effacer, pas un mot à adoucir. C'est la pureté dans la grâce, l'enjouement dans la piété, la sainteté dans la pensée comme dans la vie.

Nous ne saurions trop le répéter, ce Journal et ces Lettres sont deux bons, deux beaux ouvrages, le Journal surtout. C'est le livre des piétés tendres, des résignations douces, le livre du presbytère et du foyer domestique. Il parle de Dieu au monde, et les plus intelligents peuvent l'ouvrir : car la forme en est aussi élégante que le sentiment en est élevé, que la morale en est pure. Dans ce temps de littérature fiévreuse, l'esprit est heureux de s'arrêter sur ces pages calmes et sereines; le cœur y trouve un doux repos,

en même temps que la piété un précieux aliment.
Mlle de Guérin s'y élève au-dessus des choses et des
passions du monde; sa pensée est comme la balle de
l'enfant qui ne touche la terre que pour rebondir avec
plus de force vers le ciel.

Il est des livres que les hommes demanderaient en
vain à leur esprit, que les femmes trouvent dans leur
cœur ; on pourrait dire que l'un des plus beaux, le
plus beau peut-être de ces livres est le Journal laissé
par Mlle Eugénie de Guérin.

Toulouse, Impr. Douladoure ;
Rouget frères et Delahaut, succ^{rs}, rue Saint-Rome, 39.

OUVRAGES COURONNÉS DU MÊME AUTEUR.

1863.

LE JUGEMENT DE DIEU, poëme (un œillet d'argent).
SONNET A LA VIERGE (un lis d'argent).

1864

ACTE DE FOI, méditation (un rameau de chêne d'argent).
LES VOIX DE LA MAISON, élégie (une médaille de vermeil, grand module).

1865.

VERCINGÉTORIX, poëme (une médaille d'or, Académie française).
LE VIEUX LOUP ET LES BREBIS, fable (une primevère d'argent).
LES DEUX ÈVE, ode (une rose d'or).

1866.

RICHELIEU ET MONTMORENCY, poëme (une médaille d'argent).
LA LOTERIE DE BIENFAISANCE, discours en vers (un souci d'argent).
LE ROSAIRE, poëme (une grande rose d'argent).
L'AGE ANTE-HISTORIQUE, ode (une médaille d'argent).
LE SATAN DE DROZ, poëme (une médaille d'or).
SOUVENIRS D'AUTOMNE. — MADEMOISELLE RACHEL, poëmes (une médaille d'argent).

1867.

ÉLOGE D'EUGÉNIE DE GUÉRIN, discours en prose (un œillet d'argent).
LES MINES DE HOUILLE EN ANGLETERRE, ode. — Trois SONNETS (une médaille d'argent).
LES DEUX RICHESSES, poëme (un rameau de chêne d'argent).

Paris. — Impr. de P.LL T fi s aîné, rue des Grands-Augustins, 5.

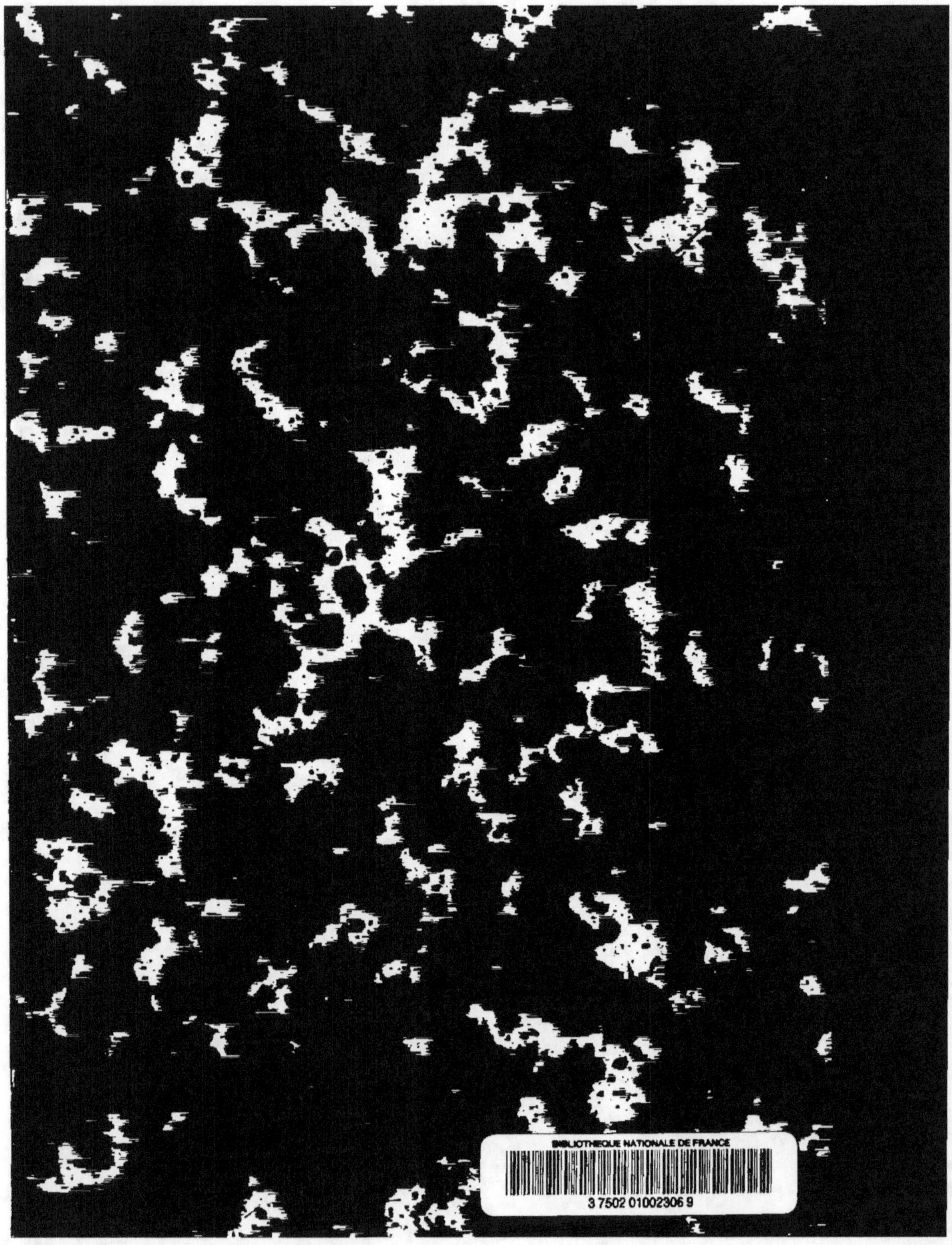